U0840334

Zhongguo Wenhua Zhishi Duben

中国文化知识读本

主编 金开诚
编著 秦翠翠

黎族

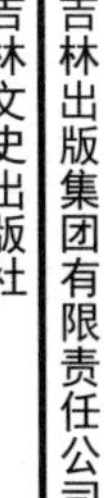

吉林出版集团有限责任公司
吉林文史出版社

图书在版编目（CIP）数据

黎族 / 秦翠翠编著 . —长春：吉林出版集团有限责任公司：吉林文史出版社，2010.4（2022.1 重印）
（中国文化知识读本）
ISBN 978-7-5463-2918-5

Ⅰ . ①黎… Ⅱ . ①秦… Ⅲ . ①黎族 – 民族文化 – 中国
Ⅳ . ① K288.1

中国版本图书馆 CIP 数据核字（2010）第 073029 号

黎　族

LI ZU

主编/ 金开诚　编著/秦翠翠
项目负责/崔博华　责任编辑/曹恒　于涉
责任校对/钟　杉　装帧设计/曹恒
出版发行/吉林文史出版社　吉林出版集团有限责任公司
地址/长春市人民大街4646号　邮编/130021
电话/0431-86037503　传真/0431-86037589
印刷 / 三河市金兆印刷装订有限公司
版次 /2010 年 4 月第 1 版　2022 年 1 月第 3 次印刷
开本/650mm×960mm　1/16
印张/8　字数/30千
书号/ISBN　978-7-5463-2918-5
定价/34.80元

《中国文化知识读本》编委会

主　任 胡宪武

副主任 马　竞　周殿富　孙鹤娟　董维仁

编　委 (按姓氏笔画排列)

于春海　王汝梅　吕庆业　刘　野　李立厚

邴　正　张文东　张晶昱　陈少志　范中华

郑　毅　徐　潜　曹　恒　曹保明　崔　为

崔博华　程舒炜

关于《中国文化知识读本》

文化是一种社会现象，是人类物质文明和精神文明有机融合的产物；同时又是一种历史现象，是社会的历史沉积。当今世界，随着经济全球化进程的加快，人们也越来越重视本民族的文化。我们只有加强对本民族文化的继承和创新，才能更好地弘扬民族精神，增强民族凝聚力。历史经验告诉我们，任何一个民族要想屹立于世界民族之林，必须具有自尊、自信、自强的民族意识。文化是维系一个民族生存和发展的强大动力。一个民族的存在依赖文化，文化的解体就是一个民族的消亡。

随着我国综合国力的日益强大，广大民众对重塑民族自尊心和自豪感的愿望日益迫切。作为民族大家庭中的一员，将源远流长、博大精深的中国文化继承并传播给广大群众，特别是青年一代，是我们出版人义不容辞的责任。

《中国文化知识读本》是由吉林出版集团有限责任公司和吉林文史出版社组织国内知名专家学者编写的一套旨在传播中华五千年优秀传统文化，提高全民文化修养的大型知识读本。该书在深入挖掘和整理中华优秀传统文化成果的同时，结合社会发展，注入了时代精神。书中优美生动的文字、简明通俗的语言、图文并茂的形式，把中国文化中的物态文化、制度文化、行为文化、精神文化等知识要点全面展示给读者。点点滴滴的文化知识仿佛繁星，组成了灿烂辉煌的中国文化的天穹。

希望本书能为弘扬中华五千年优秀传统文化、增强各民族团结、构建社会主义和谐社会尽一份绵薄之力，也坚信我们的中华民族一定能够早日实现伟大复兴！

目录

一 追溯源头的美妙传说

（一）五指山

神秘的西沙五指山素有“海南屋脊”之称，是海南岛的象征，也是我国名山之一，相传在那遥远的古代，现在的五指山区是一片开阔的平原。平原上住着一对勤劳的黎族夫妇，男的叫阿立，女的叫邬麦，他们生下5个孩子，全家7口种着自己披荆斩棘、辛勤开垦出来的半亩田。土地是肥沃的，可生产工具却很落后。没有锄头，用木棍代替；没有刀斧，将石头加工后使用；连种子也是采集来的野生稻种。这家人的日子过得十分艰苦。一天夜里，除了阿立，全家都已酣睡入梦，独有他一人在床上辗转反侧，寻思如

五指山位于海南岛中部，峰峦起伏呈锯齿状

置身于五指山中，云雾缭绕，宛如仙境

何才能增加收成，直至深夜，才昏昏睡去。忽然，一位须发全白的仙翁走到阿立床前，大声对他说：“你们开垦的这块土地是十分肥沃的，要好好种。你家茅屋近旁的地下，埋着一把宝锄和一把宝剑，快把它们挖出来。只要你举起宝锄喊声‘挖’，荒地便会长出好庄稼；挥动宝剑叫声‘砍’，参天大树会应声倒地。要是有坏人来欺侮你，只要你手擎宝剑大喝一声‘杀’，坏人的脑袋就会搬家。第二天大清早，阿立全家立即动手，按梦中仙翁的指点，果然挖到了宝锄和宝剑。他们用剑砍倒了一棵棵大树，用锄垦出一块块田地，种上大片庄稼，日子也一天天好过起来。由于有宝剑保护，坏人也不敢来伤害他们。多年以后，阿立去世。他儿子依照母亲邬麦的意愿，把宝剑作了父亲的陪葬品。这个消息被坏人亚尾悄悄传给了海盗。于是这帮家伙纠集了数百人，霸了阿立一家的土地，还杀死了邬麦，把五兄弟都抓了起来。坏人亚尾把五兄弟锁在铁链上，连续拷打了十天十夜，强迫他们说出宝剑的埋藏地点。但五兄弟谁也不肯吐露半点口风，后来都被杀害。五兄弟的英勇行为感动了栖居在这一带的熊、豹、蚁、蜂与鸟，它们成群结队，从四面八方集拢起来，

五指山风光

云雾缭绕中的五指山

咬死了亚尾和海盗。随后，这些动物又搬来大量泥土和石头，垒起五座高高的坟山，把五兄弟安葬在里面。

这五座山，原名五子山，后来，因为它们像五个手指指向苍天，又称为五指山。该山位于海南岛中部，峰峦起伏成锯齿状，远眺五指山，只见林木苍翠，白云缭绕，绿山盘旋而上峰巅，顿觉云从脚下生，人在太空游。近看五指山，只见五个“指头”由西南向东北，先疏后密地排列。这五峰峰巅分立，山体相连。置身于峰峦，只见

海南南湾猕猴岛

云雾从身边徐徐飘过，似置身在仙境中，俯瞰南海，万顷碧波，渔帆点点，景象万千。五指山山区遍布热带原始森林，层层叠叠，逶迤不尽。海南主要的江河皆从此地发源，水光山色交相辉映，构成奇特瑰丽的风光。五指山林区是一个蕴藏着无数百年不朽珍树的绿色宝库。进入原始森林，落叶厚达 50 厘米以上。空气里充满了一种独特的树脂香味，薄雾像一条透明的纱巾，环绕在深深绿谷之间，轻轻地飘荡。五指山还是珍禽异兽的王国，这里生活着的动物有两栖类、爬行类、鸟类、兽类等等……　环绕于此的翡翠山城中，有一朵美丽的奇葩——黎族。

（二）大力神

关于五指山有许多美丽的传说

在郁郁葱葱的五指山区，一直流传着这样一个神奇的传说：远古时候，天地相距只有几丈远。天上有七个太阳和月亮，把大地烤得滚烫，像个大热锅。白天，生灵都躲到深洞里去避暑；夜间，人们也不敢出来，只有在日月交替的黎明和黄昏，才争先恐后地走出洞口，去找些吃的。大家都叫苦连天。

有一个大力神，他想：这样熬日子，叫人们怎样活下去？因此，他在一夜之间使出了他全部本领：把身躯伸高一万丈，把天空拱高一万丈。

天空被拱高了，但天上还有七个太阳和月亮热烘烘的，仍然威胁着人们的生存。于是，大力神做了一把很大的硬弓和许多支利箭。白天，他冒着猛烈的阳光去射太阳，一箭一个把六个太阳射落了下来，当他射第七个太阳的时候，人们纷纷说："留下这最后一个吧！世界万物生长离不开太阳呢！"大力神答应了人们的要求，留下了一个太阳。夜晚，大力神又冒着刺眼的强光去射月亮，他张弓搭箭，射落了六个月亮，射第七个月亮时，因为射偏了，只射缺了一小片，当他准备重射时，人们又纷纷说：“饶了它吧！让它把黑暗的夜间照亮。”大力神又答应了人们的请求。这样，月亮后来便有时候圆，有时候缺。

大力神射落日月以后想：平展展的大地，光溜溜的没有山川森林，人们又怎样生息繁殖呢？于是，他从天上取下彩虹当做扁担，拿来地上的道路当做绳索，从海边挑来沙土造山垒岭。从此大地上便出现了高山峻岭，那大大小小的山丘，是从他的大筐里漏出来的泥沙。他还把梳下来的头发往群山上一撒，山上便长出如头发般茂密的森林来。山上的鸟兽都摇头摆尾，非常感谢大力神为它们造林筑巢的恩德。

黎族主要聚居在海南省中南部

有了山岭，还得造鱼虾水族生息的江河湖泊。大力神拼尽力气，用脚尖踢开群山，凿通了大小无数的沟谷，他的汗水流淌在这些沟谷里，便形成了奔腾的江河。这中间最大的一条，就是从五指山一直流入南海的昌化江！

大力神为万物生息不辞劳苦，当他完成了造化大业后，已经筋疲力尽了，他倒了下来。临死前，他还深怕天再倒塌下来，他撑开巨掌，高高举起，把天牢牢地擎住。传说那巍然屹立的五指山，就是黎族祖先的英雄——大力神的巨手！在人类蒙昧时期，黎族的先民在万物有灵论的观念支配下，通过天真奇幻的想象，对世界的生成

海南岛日出

亚龙湾美如仙境

作了浪漫的解说，把一切的自然力都人格化了，希望世上有一个非凡的英雄，按照人们的理想，驱除灾害，创造一个适合人类生存的自然环境。“大力神”这个形象闪耀着劳动创造世界的光辉思想，是黎族人民勇敢与智慧的化身。

（三）亚龙湾

传说很久很久以前，在如今三亚境内的亚龙湾一带，海边没有沙滩，紧靠海面的是高山峻岭和悬崖峭壁。在紧邻海边的高山上，住着几十户黎族人家。得大海风光的滋润和山野美景的厚泽，这里的姑娘容貌如花似玉，眼睛晶亮清澈，皮肤白净如雪。身段如婀娜多姿的槟榔树，个个美似天仙。其中一位叫吉利的姑娘皮肤白得耀眼，眼睛亮得赛星星，向她示爱的小伙子不下几十个，可她偏偏只爱穷苦渔民阿祥。

一日，十几个仙女下凡，到这里的海中洗澡，忽见吉利和她的女伴走来，她们惊叹人间竟有如此美丽的女子。在自叹不如的哀怨声中，她们一个个沉入了海底，不敢和吉利她们媲美。从此，仙女们再也不来这里沐浴。仙女们回到天宫，把她们在人间看见美女的事告诉她们的哥哥，并撺掇她们的哥哥下凡娶吉利和她的女伴为妻。

七位英俊潇洒的神仙听仙女们说凡间竟有赛似天仙的女子，怦然心动，他们手牵手踩着云朵来到海边，等了一天一夜才见吉利和她的女伴背着腰篓朝海边走来。果然名不虚传，七位神仙的眼睛看直了。他们忘了文雅，忘了礼节，一人朝一位姑娘吹了口气，就有七位姑娘脚底像踩了风似的随他们朝深山峻岭跑去，其中就包括吉利。

这当儿阿祥和他的伙伴们出海捕鱼回来，见吉利她们跟着七个男子往深山里跑，

亚龙湾热带风光

气不打一处来，他们跳下船就追，可就是追不上。他们喊叫，也没谁理他们。他们惊叹女人变心比闪电还快，早上他们出海时还好好的，傍晚回来她们就变了心。

吉利和她的六个女伴随七位神仙来到深山，七位神仙不走了，彬彬有礼地向七位姑娘求爱，七位姑娘说，她们都有心上人了，不能接受他们的求爱。七位神仙这才想起婚姻是月下老人主管的，不能强求。他们无不遗憾地瞥了姑娘们一眼，然后朝她们吹了口气，见姑娘们安全地回到家门口，七位神仙便飘然回到了天宫。

吉利她们回到家中，见她们的未婚夫都白

东方夏威夷——亚龙湾

海南亚龙湾景致如画

了头，感到非常奇怪。她们向未婚夫细说了她们所遇到的事，并提出立即和未婚夫完婚。但是，她们的未婚夫没有一个愿意娶她们，原来他们怀疑她们已经不是黄花闺女了。

七位姑娘的未婚夫冷淡她们；

七位姑娘的父母冷淡她们；

七位姑娘的兄弟姐妹冷淡她们；

村里的父老乡亲都漠视她们。

七位姑娘跪在大海边，求大海作证，她们是清白的，大海不语……

七位姑娘跪拜苍天，求苍天作证，她们是纯洁的，苍天无声……

七位姑娘悲愤地走进海里，以死证实自己

南海观音

的清白。这时，山呼海啸，雷声翻滚，大雨倾盆，在呼呼的狂风和轰轰的雷声中，高山峻岭和悬崖峭壁不断地往后退，整个海边出现了一个月牙形的湾口，紧挨湾口出现了一条平缓延伸的、长达七公里的沙滩，其沙白如雪、软如棉、细如面。湾内的海水湛蓝如玉，能见度达十米。

外面的变化，七位姑娘的亲人们在屋子里没有一点感觉，其实，他们的屋子也随着高山峻岭和悬崖峭壁往后退出，高山峻岭和悬崖峭壁不退了，他们的屋子也不退了。

七位姑娘走进海里时，他们的未婚夫正在后山上砍柴。闪电在他们的眼前掠过，雷声在他们的头顶炸开。阿祥对天大喊：“这是怎么

海南岛海湾风光

回事？”说时迟，那时快，这当儿闪电送来了一位美丽的姑娘，她告诉他们：“吉利她们是贞洁的，她们受不了这种委屈，投海自杀了。”她们明亮的眼睛融在海水里，使海水变得更加清澈，她们洁白的身体被海水冲到岸边，高山峻岭自叹不如立即让路。由于天上神仙的点化，她们的身体变成了洁白的沙滩。

风停了，雨止了。阿祥他们疯了一般朝海边跑去，果然，一大片洁白如玉的沙滩出现在他们眼前。再看那海水，的确比以前更清澈。他们倒在沙滩上痛哭不已。他们痛悔自己的过失，痛悔无端的猜疑既害了他们的未婚妻，也毁了自己的幸福。

海南岛热带风光

在海湾的旁侧，层峦叠嶂的山峰和蓝天相连。阿祥他们真诚的忏悔感动了天帝，他命手下打开天门。顿时，霞光万丈，海鸥盘旋，彩蝶飞舞，吉利等七位女子款款从天门走出，踏上山顶。阿祥他们喜出望外，奔跑着冲上山顶，七位女子悠悠地后退。她们告诉他们，她们并没有死，七位仙子将她们的凡眼和海水融为一体，把她们的肉体点化成了沙滩，而她们的灵魂都升入了天堂，她们七个都变成了仙女。她们还告诉他们，这海湾属南海龙王第五个儿子亚龙管辖，这海湾应叫亚龙湾。

直到今天，亚龙湾仍美丽似仙境。凡是到过亚龙湾的人无不兴奋地说："三亚归来不看海，除去亚龙不是湾！"因为亚龙湾那湛蓝如明珠的海水，那白如雪、软如棉、细如面的沙滩，那美似清纯少女的自然风光，给人们留下了终生难忘的印象。

这些传说故事都来自黎族民间，此外还有许多关于民族诞生、民族之间友好交往和人文风物的传说。这些动人的传说故事充分反映了黎族人民热爱生命，热爱自然，注重友谊的博大情怀，以及追求幸福生活的美好愿望。

海边奇石

在美丽富饶的海南岛上，从远古以来便有黎族及其先民的遗迹，黎族源于古代百越的一支，自称为“赛”，与壮、布依、侗、水、傣等民族有着密切的关系。远在秦汉以前，“骆越”的一支就从大陆渡海到海南岛，隋代称海南岛居民为“俚僚”，即黎族的先人。“黎”作为黎族的专用名称，约在宋代以后，一般认为“黎”为“俚”的转化。黎族名称的使用始于唐末，沿用至今。黎族主要聚居在海南省中南部的琼中县、白沙县、昌江县、东方县、乐东县、陵水县、保亭县、通什市、三亚市等七县二市之内，其余散居在海南省的万宁、屯昌、琼海、澄迈、儋县、定安等县。由于分布地区不同和方言、服饰等的差异,其自称有“伴”“岐”“杞”“美孚”“本地”等。据考古发现，海南岛新石器时代原始文化遗址有130处，大约距今五千年左右。史学界和民族学界研究认为，这些新石器遗物的主人是黎族的先民，是黎族先民开发了海南岛。秦汉时期，海南岛同汉王朝关系密切，汉武帝时设置珠崖、儋耳两郡，部分大陆汉人迁居海南岛，与黎族土著居民杂居。以后，汉族大量移民海南岛。“村人”、苗

海南岛风光

族和回族也先后迁徙入岛。大量移民的迁入，带来了先进的生产工具铁器和农耕生产技术，社会生产力进一步发展。

黎族有本民族独特的历法，以12天为一周期，每天都以一种动物命名，顺序是：鸡日、狗日、猪日、鼠日、牛日、虫日、兔日、龙日、蛇日、马日、羊日、猴日，周而复始。

黎族是海南岛上最大的少数民族，人口已突破百万，约占海南全省总人口的六分之一。黎族使用黎语，属于汉藏语系壮侗语族黎语支，不同地区方言不同，也有不少群众兼通汉语。1957年曾创制拉丁

黎族人从远古时代就居住在海南岛上

海南岛四季如春

字母形式的黎文方案。黎族以农业为主，妇女精于纺织，“黎锦”“黎单”闻名于世。从汉代起历代的中央政府大都在海南设置了州、郡、县等行政机构。勤劳、俭朴、勇敢的黎族人民，和汉、苗、回等兄弟民族一道，在其先民开发的基础上迈进，使往昔的“蛮烟瘴雨”之区欣欣向荣，成为富庶的热带宝岛与旅游胜地。可以说，美丽的宝岛孕育了黎族的文化特征及民族风貌。

二　风味独具的特色饮食

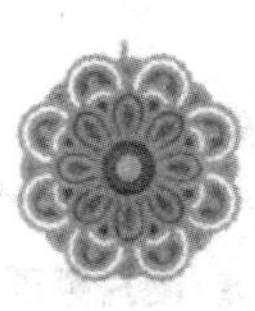

民居一角

在早期，由于生活困难和天气炎热的原因，黎族人民养成了吃冷食和酸食的习惯。日进三餐，主食大米，杂粮有玉米和番薯。做米饭的方法一是用陶锅或铁锅煮，与汉族焖饭的方法大体相同，一般很少吃肉食。由于天气炎热，爱稀不爱干。早上吃完早饭才外出，到下午两点左右才吃午饭，晚上入黑以后约八时左右吃晚饭。早上把一天的饭煮熟，用冷水泡稀来吃，每吃一次便添一次冷水。一般没有喝开水的习惯，渴时就近喝溪水和米汤。

黎族食用的蔬菜有南瓜、葫芦瓜、水瓜、木瓜、冬瓜和后来才从汉区传入的白菜、萝卜、豆角、葱、姜、蒜、芫荽等野菜。水果有香蕉、酸豆、菠萝、菠萝蜜和芭蕉树芯等。黎族的肉食主要有猪、牛、羊、狗、鸡、鸭、鹅等肉类。他们喜欢用火烤肉吃，也习惯腌生肉来吃。黎族同胞还喜欢吃一种叫做“喃杀”的菜。它是用野菜幼茎加一点食盐，搅拌均匀以后装进陶罐里，再兑入适量冷饭水，封存一到两个月即可。这种菜酸酸的，风味独特。黎家有“一家煮喃杀，全村闻酸味”之说。海南岛气候炎热，据说吃了酸味浓烈的“喃杀”，可以去热解毒，消除疲劳，防

黎族民居

病治病。直到现在，“喃杀”仍然是黎族同胞的美味佳肴。鱼、虾、螃蟹、青蛙、蛇类等也都是黎族人民常吃的美味。吃螃蟹的方法很特别，把螃蟹放到木舂里舂成烂浆，然后加入葱、酸梅浆、生姜汁等调料，味道香甜鲜美，很好下饭。另外，黎族人民一般还爱吃竹笋和蘑菇以及营养丰富的蜂仔、蜜汁、木蛆、红蚂蚁卵等。

烟酒和槟榔是黎族男女的嗜好品。黎族人民喜爱喝山栏糯米酒，常以小竹管插

嚼槟榔是黎族人的嗜好

进酒缸里吸饮，人多时便围坐在一起轮流吸饮，也有把酒倒在碗中来喝的。沿海地区的黎族，平时喝的酒都是自己制的米酒和番薯酒；东方县的黎族自酿的番薯酒味道醇香，被誉为“东方茅台”。黎族男人喜爱吸烟。过去普遍吸水烟筒，也有吸旱烟斗的，式样基本上与当地汉族相同。烟叶多半是自种的，也有的是从汉商那里买进来的，是招待客人不可缺少的礼品。至于吃槟榔，多流行于海南省的三亚市、陵水、乐东、东方、昌江、琼中和保亭地区。分生吃和干吃两种，为黎族日常交往的礼品。如果来客的话，主人待以槟榔，表示欢迎。小伙子看中姑娘，就托媒人带槟榔去问亲。女方收下，表示婚事初定，若退回槟榔，则表示拒绝。结婚时，新婚夫妇要给亲友敬献槟榔，表示吉利。食时，先将槟榔果连同果核切成小指大小若干瓣一起放进嘴里咀嚼。初嚼时，涎水黄色，味苦辣；继续咀嚼时，味由苦辣变甘甜，涎水变红，牙齿、嘴唇随之呈红色，脸部略有醉意。咀嚼槟榔要边嚼边吐涎水。常吃槟榔还有防病治病和美容的功效，故黎族同胞视槟榔为健体长寿食品。为了方便吃槟榔，妇女们特制了骨质或金属小盒子，把槟榔和贝灰等放在里边，随身携带，成为一种装饰品。

黎族人爱吃冷食和酸食

黎族人家户户都用三块石头摆成“品”字形的炉灶，煮饭烧菜用陶锅或铁锅，蒸酒用陶甑，切菜用菜刀，挑水用竹筒或陶罐，盛水用陶缸或竹筒，舀水用葫芦瓜壳或椰子壳制成的瓢，主要使用陶碗吃饭，有的用椰子壳做碗。

竹筒饭是黎族的传统风味食品，它是一种颇具特色的野炊食品，取下一节竹筒，装进适量的米和水，放在火堆里烤熟，用餐时剖开竹筒取出饭，这便是有名的“竹筒饭”。若把猎获的野味、瘦肉混以香糯米和少量盐，放进竹筒烧成香糯饭，更是异香扑鼻，是招待宾客的珍美食品。香糯米是黎族地区的特

竹筒饭是黎族的传统风味食品

雷公根

产，用香糯米焖饭有“一家香饭熟，百家闻香”的赞誉。粥即稀饭，是黎族同胞常用的主食。特别是在炎热的夏天，往往是一天煮一次供全天食用。

“雷公根”是一种黎族同胞经常食用的野菜，与河里的小鱼虾或肉骨同煮，是极为可口的佳肴；“雷公根”也可药用，能消炎解毒。“南掇”是黎族同胞过去常吃的小菜，制法是用螃蟹、田蛙、鱼虾或飞禽走兽等洗净、剖膛、剁成碎块，加盐拌匀，放入葫芦状的坛子里，加盖并用芭蕉叶封好捆紧，放置阴湿处或埋于地下，

黎族谷仓

经一月或数月便可取出食用。但“南搬”制作的卫生条件不易掌握，现已很少制作和食用了。

此外还有“祥”,“祥”是黎族的风味佳肴，只有在节庆或贵客登门时才能吃到，有“鱼茶”和“肉茶”两种。黎家人喜爱吃鼠肉，无论是山鼠、田鼠、家鼠、松鼠均可捕食。家家都有竹制捕鼠器，一次安装几十副，第二天便可捕到几十只鼠。黎族人习惯将捕来的鼠去毛，除去内脏洗净，内放些盐、生姜等佐料，在火上烤熟或煮熟吃。

三　举族欢庆的节日信仰

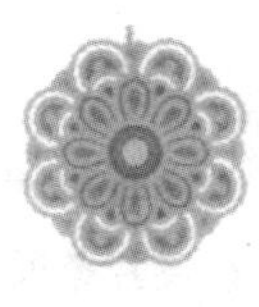

糯米饼

（一）普天同庆新春至——新春佳节

黎族大多数节日与汉族相同，如春节，与汉族过春节的情形基本一致。过春节前，家家做年饭、酿年酒，舂“灯叶”（即一种年糕，也吃糯米饼，做法是将煮好的糯米饭倒入臼中，舂至富有弹性，然后捏出一块，揉拍成巴掌大小，即可尝新）。灯叶存放一段时间，就很坚韧，可用利刀切片，再烤或炸，别有风味。有些地区的黎族同胞还包一种没有肉馅的过年粽子。每逢春节到来，家家户户都要宰猪杀鸡，摆上丰盛的佳肴美酒，全家围坐在一起吃“年饭”；席间全家还要欢唱“贺年歌”。

黎族人是崇拜祖先的，初一十五都要给祖先烧香。大年三十下午要沐浴，换上干净的新衣服。然后把整个煮熟的鸡酒，恭敬地摆放在供桌上，由家里辈分最大的人主持，邀请公婆父母回来过年。等祖先“吃好”了，家里的男丁就在供桌前烧金银香纸，主持把一壶酒洒在上面念：“过水成银，过酒成金，公婆父母全部收到，保护子女子孙健康发财。”仪式结束，就把祭祀的鸡切好，全家人吃饭喝酒。

大年初一黎族人一般不出行，也不动刀

杀鸡，三十先多做几只。大人不出行，小孩子是可以走动的，这天谁家若是来了小男孩子，主人会高兴得不得了，赶快拿吃的给小孩子吃，认为这是好运气，是祖先送来的福。

初二后开始拜年了，要拜年，进屋前要点一挂鞭炮，向主人报声：来客拜年啦，主人就要杀鸡招待。黎族人有无鸡不成席之说，鸡肉是招待贵宾的最高礼节。

灯预示有丁之意。三十到十五，公桌上都要点一对煤油灯，主人要认真照看，添油。灯长明不灭，预示来年顺利好运。十五晚上再祭祀祖先，年就算结束了。

具有热带风情的黎族民居

黎族老人

鲜花代表着人们心中的祝福

（二）火树银花不夜天——换花节

每逢农历正月十五的晚上，海南琼山市就沉浸在花的海洋、情的暖风中，这就是一年一度风情独具的换花节。换花节原是琼山特有的民间节日，历史悠久，据说源自唐代。但是从前换的是香，而不是花，意在香火不绝。当年，府城作为琼州府驻地，每年农历元宵总举行灯会，花灯竞放之夜，成千上万的男女老少出门赏灯。当时没有路灯，人们为了夜行方便，手里都拿一把点燃的香烛用以照明，路遇没有香的人便送他几枝，有时偶遇朋友，也用香烛互相交换，说几句祝福的话语，由此演变成了海南岛上人们表达情感的一种特殊的方式。

后来，随着电灯的出现，人们渐渐发现花更能代表心意，轻巧灵便且能避免在拥挤的人群中被香烛的火苗烫伤，于是就大力提倡用鲜花代替香烛和青树枝叶。从此，每到农历正月十五，不分民族、年龄的大批人潮便会涌到府城镇来参加换花节。卖鲜花的摊点一个接一个，姑娘们和小伙子们手上拿着鲜花，如果在路上遇到称心的异性或朋友，或者看中了另外一个人手中的鲜花，就会主动迎上去，与他(她)交换手中的鲜花，相互祝福。在一般情况

美丽的鲜花表达了人们的心意

下，一方是不能推辞另一方的换花要求的。互换鲜花之时，双方都彼此互道祝愿之词，祝词的内容也是因人而异。

（三）狩猎对歌谈恋爱——三月三节

黎族三月三节（农历三月初三）是黎族人民最盛大的民间传统节日，也是黎族青年的美好日子，又称爱情节、谈爱日，黎语称“孚念孚”，每年农历三月初三举行，是黎族人民悼念勤劳勇敢的祖先、表达对爱情幸福向往之情的传统节日。

“三月三”历史悠久，宋代史籍中就有与"三月三"相关的记载。宋代范成大《桂海虞衡志》云：“春则秋千会，邻峒男女装

每年农历三月三，人们都要举行歌舞盛会

三月三节的歌舞表演

束来游，携手并肩，互歌互答，名曰作剧。”自古以来，每年农历三月初三，黎族人民都会身着节日盛装，挑着山栏米酒，带上竹筒香饭，从四面八方汇集到一起，或祭拜始祖，或三五成群相会、对歌、跳舞、吹奏乐器来欢庆佳节，青年男女更是借节狂欢，直到天将破晓。三月三节的来历有多种说法。

第一种说法称，上古洪水时期，聚居在昌化江畔的黎族遭受了一次特大洪灾，人畜死亡，只剩下一对叫天妃和南音的兄妹。兄妹二人长大成人以后，决定分头寻找伴侣，相约每年三月三再回到燕窝岭下相会。结果几年过去两人无功而返。妹妹见找不到别人，就忍痛用竹签将自己的脸刺上花纹，又用植物染上了颜色，不让哥哥认出自己，以结为夫妻，从而使民族得以延续。于是，在三月三日，他们在燕窝岭下结为夫妻，他们纺纱织布，生儿育女，开荒种田，挖塘养鱼，为黎族人民繁衍了后代。这也是黎族“三月三”节和纹面来历的传说。以后每年三月三，南音和天妃娘子跟子孙们便回到这里迎接春天。许多年过去后，天妃和南音沉睡在山洞里，化成一对石头。黎族后代为了纪念这两兄妹传宗接代的功绩，把石洞取名为娘母洞。

每年三月三日，黎族男女老少都要带着糯米、糕饼、粽子和山栏米酒，从四面八方

节日里人们载歌载舞

赶到娘母洞前纪念祖先，以对歌和舞蹈祈求本民族繁衍幸福。后来，每逢三月三，黎族劳动人民都以各种方式来纪念这个吉祥盛日。三月三也就自然成了黎族的盛大节日。

俄贤岭自然风光

第二种说法称，相传在很久以前，石洞有一只作恶多端的乌鸦精，使黎民百姓不得安居乐业。一天乌鸦精抓到了美丽的黎族少女俄娘，这年三月三，俄娘的心上人阿贵带着尖刀弓箭上山救俄娘，被乌鸦精害死。俄娘闻讯悲痛万分，终于趁乌鸦精熟睡之机杀死了它，为阿贵报了仇，为黎族百姓除了大害。从此俄娘终生未嫁，每年农历三月三这一天她都会到俄贤洞唱她和阿贵恋爱时的情歌。后来，黎族人民为了纪念她，把这山洞取名为俄娘洞。每年三月三这一天，附近的未婚黎族青年男女都会在俄贤岭集会，唱着情歌寻找自己的意中人。此项活动逐年扩大并传播至海南各个黎胞居住区，在海南黎胞中形成盛大的传统节日。

还有一种说法，据说三月三是为了纪念黎族的远古祖先“黎母”诞生、庆祝黎族人民幸福吉祥、繁衍昌盛而举行的节日。

海南亚龙湾风光

每年农历三月三，各地的黎族青年男女汇集一起，参加“三月三”盛会，载歌载舞、谈情说爱。在节日期间，人们要举行歌舞盛会。

黎族人跳起竹竿舞欢度节日

节日这天，黎族村寨的男女老少带着粽子和糕点，从四面八方来到五指山一带。白天，小伙子们打鱼，姑娘们煮饭烤鱼，然后将祭品放到有天妃和南音化石的岩洞口，祭拜祖先。同时，青年男子背枪荷箭到深山密林去找猎物，把猎物献给心爱的姑娘。

当夜晚来临，山坡上、河岸边，青年男女燃起熊熊篝火，姑娘们身着艳丽的七彩衣裙，手戴各式镯头，小伙子腰扎红巾、手执花伞，开始欢庆活动，在节奏明快的乐曲声中，跳起了古老独特的竹竿舞、银铃双刀舞、槟榔舞、打柴舞、打猎舞等富有民族特色的传统舞蹈。

歌声此起彼伏，通宵达旦，男女青年各坐一边，互相倾诉爱慕之情，如果双方感情融洽，就相互赠送信物。姑娘们将亲手编织的七彩腰带系在小伙子腰间，小伙子则把耳铃穿在姑娘的耳朵上，或把鹿骨做的发钗插在阿妹的发髻上，相约来年的

节日里欢舞的黎族青年

三月三再相会。

在这一天，黎族人民对歌、摔跤、拔河、射击、荡秋千，尽情地欢庆着，用歌声、用舞蹈表达对生活的赞美，对劳动的热爱，对爱情的执著追求，整个节日气氛欢快热烈，令人陶醉。

黎族三月三有着非常广泛的群众基础。随着时代的变迁，庆祝内容也日益多样，但对歌、民间体育竞技、民族歌舞、婚俗表演仍是最基本的内容。

三月三节是黎族千百年流传下来的文化资源，是黎族文化最具体最典型的表现，也是黎族青年男女追求爱情和幸福的传统佳节。其民俗主要特色与价值是黎族生产、生活、娱乐等整体民俗风貌的集中体现，是世人了解黎族文化和历史的窗口。

现在每年三月三节，海南黎族各聚居区都要举行规模盛大、内容丰富的庆祝活动，有赛歌会、篝火晚会、彩车比赛、花灯展览、民族传统体育比赛、男女青年对歌、民族歌舞表演及经贸活动等。如今黎族三月三节成了丰富旅游产品、传播民族文化、促进民族经济发展的盛会，每年都吸引数万国内外游客。

国家非常重视非物质文化遗产的保护，2006 年 5 月 20 日，该民俗经国务院批准，列入第一批国家级非物质文化遗产名录。

（四）牛气冲天好运来——牛节

黎族认为牛是财富和吉祥的象征，家中设

三月三赛龙舟比赛

"牛魂宝盆"，村中设立牛神庙。每年七月的牛日（黎族历法），举行招牛魂仪式，也称"招福"礼仪式。在牛节这一天，修建牛栏，给牛喝酒补身，晚上集众敲锣打鼓，欢跳招牛魂舞蹈，祝愿牛成群家富足。每逢牛日忌杀牛。

（五）丰富多彩的歌舞

黎族是一个能歌善舞的民族，其舞蹈内容之丰富，形式之多样，在其他民族中也是不多见的。黎族舞蹈主要起源于他们自己的生活、生产活动及特有的自然崇拜和宗教文化观念。不论是舞台上所表现的内容形式，还是黎族民间固有的那些原始表演形式，无

黎族竹竿舞

傩舞表演

不与他们自身的生活环境有着极其密切的联系。黎族传统舞蹈可以分为五大类型：

1. 宗教祭祀舞蹈

舞蹈的起源都有一个共性，即与人们的生产生活有着密切的关系。然而，在其形成的初始，总是与宗教、巫术密不可分的。在黎族社会中，每当人们发生各种病痛，都认为是鬼在作怪，有病就必救治，救治就必驱鬼除魔，驱鬼除魔就必举行各种宗教祭祀仪式。人们认为只有宗教职业者——“道公”“娘

黎族宗教祭祀舞蹈

母”才能担负起驱鬼除魔的责任。因为宗教职业者是人与神、人与鬼沟通的媒介。在举行宗教仪式时，“道公”“娘母”头戴帛巾或帽，手持法具，脸着面具，身穿巫衣，以舞蹈和诵经来表现巫术的内容，手舞足蹈，又念又跳，为患者解除病痛，为病家消灾解难。

源于原始巫舞的傩舞，明清时也随着道教一起传入了黎族地区。傩舞主要流行于白沙、保亭、琼中和三亚等市县。跳傩舞时，扮演主角的是“道公”，由少则几个人多则二三十人来配合，所有扮演者均戴上面具。“道公”请两个人来当助手，他们身穿黑色

带有神秘色彩的傩舞

或灰色长袍，腰束黑色带，头缠素布；“道公”还腰佩匕首，额上插三支雉尾，助手额头则插一支雉尾，一人手拿弯弓，一人手持箭支；剩下的人皆扮演各种“恶鬼”，他们一律身穿黑色长袍，所戴面具尖头大耳、青面獠牙、阔口大鼻，个个面目狰狞，阴森可怕。在摆好各种祭品后，“道公”开始作法，口念咒语，大意为：现在的妖魔鬼怪把瘟疫病痛带给了本村或某家，请上天速派天兵天将前来帮助驱赶鬼魔，消灾除难，保护村人平安。念完后，“道公”将筊杯扔于坛面，证实天兵天将已请到，接着“道公”抽出尖刀，两个助手张弓搭箭，高举箭支，齐声喝令“恶鬼”现形。

跳傩舞时扮演者均戴上面具

此时扮演“恶鬼”的人纷纷登坛，他们高举张开双手，随着鼓钹声前后左右跳跃，口作怪声，而“道公”则挥舞尖刀，指天拍地，左刺右戳，用力跺脚，不停地吆喝和念咒。经过几个回合的搏斗，“道公”下令天兵天将出击，围观的观众也随着大声呐喊助威，“恶鬼”被逼边跳边退，人们步步紧逼，“恶鬼”终于被逐出了村子，“道公”随即将祭品泼向“恶鬼”，一切妖魔鬼怪就这样被赶走，所有扮演者所戴的面具也集中丢于村外的路边烧掉。

黎族宗教祭祀舞蹈多与驱鬼除魔、超度亡灵有关。无论是人本身的生老病死还是居家旅行、生产劳动等都离不开宗教祭祀舞蹈。这种舞蹈一般都是在晚上进行，舞者多为宗教职业者。由于渲染的是人、鬼、神三界的关系，因而整个场面气氛极为凝重肃穆，舞者十分虔诚投入，配上古朴的舞蹈动作、低沉的音乐和颤抖的念经声音，使围观者也仿佛跟鬼神进行了一次生与死的较量。黎族社会在宗教信仰上基本处于原始宗教阶段，这种信仰反映到舞蹈，使黎族舞蹈更具浓厚的远古巫风特点，众多的黎族宗教祭祀舞蹈便是如此。

吹鼻萧

2. 生活习俗舞蹈

黎族作为海南岛的最早居民，在海南岛这种自然环境条件下，逐渐形成了自己独特的生活方式。他们认为世间万物都有灵魂，都有吉、凶、福、祸。所以黎族人民在日常的生活劳动中，形成了各种生活习俗，诸如生产劳动、建屋迁宅、婚姻、生儿育女等，都非常注重节令时辰，而且每当行动前都要举行一定的祈祷仪式，以期盼一切平安顺利，不出意外。

在黎族的一些地区（今五指山市），流行着逢农历三月、七月和十月做“牛日”的习俗。“牛日”被认为是“福日”“良日”“吉日”。所以每到“牛日”，必跳《祝福舞》。在春意浓浓的三月份的第一个“牛日”，要为牛跳《祝福舞》，祝愿牛群肥壮多子；在骄阳似火的七月份夏季晚稻插秧的第一个“牛日”，要为“稻”跳《祝福舞》，祈求禾苗茁壮、五谷丰登；在收获季节的金秋十月的第一个“牛日”，要为“人”跳《祝福舞》，期盼全寨大小平安、人丁兴旺。每当举行这种仪式之日，全寨人都集中在亩头家中杀猪摆酒设宴，跳《祝福舞》。首先由众人轮番敲打锣鼓，然后身穿盛装的亩头夫妇饮用曾洗过“宝石”（相传祖先传下来的一种石器，是福魂的象征）的“福酒”，继而起舞。舞时，亩头手拿蘸着“福酒”的两枝红藤叶，从门口至屋内来回走动，并不停地摇动着红藤叶，其妻则捧酒紧随其后，以示引“福”入屋，接着向众人洒“福酒”，以示“福气”上身。亩头夫妇舞毕，寨人齐上阵，男者身着青、蓝、绿色的长袍于屋内至门口来回招手甩袖，左右摆动；女者则手捧酒碗，跟在男者后面边舞边敬“福酒”。不论男女，舞者身腰都平稳挺直，随着铿锵有力的锣鼓声，时进时退地踩小步，口中不停地齐声呐喊，直至通宵达旦。这种舞蹈舞

黎族歌舞表演

舞蹈是黎族人生活中重要的一部分

姿粗犷古朴，原始舞蹈气息极浓。

在另外一些地区，每到新年都必跳《年舞》，也称《平安舞》。每逢新年的正月初二，全村的男女都身穿民族服装，在辈分最高的长者带领下，举行庆贺新春仪式。人们杀猪宰鸡，摆好祭品，打起独木皮鼓，敲响铜锣，随着锣鼓声跳起欢快的舞蹈，表示辞旧迎新，祈求在新的一年里全村人畜平安，五谷丰登。舞时舞者必须保持身体的平衡稳直，跟着锣鼓的节奏前进，双手在腰部的两侧前后摆动。每走到第三步时，双足并立，双膝向左右两侧时弯时立，不断地重复循环。整个舞蹈壮观、肃穆、凝重，反映了黎族人民对春天的到来会带来美好生活的一种期望。

春节前，黎族家家酿制年酒

在三亚、保亭、陵水等县市，还有专门为孩子所跳的祝福舞蹈《打碗舞》，属女性舞蹈。每当孩子生病或父母将外出时，母亲便请“娘母”们来跳。舞者一般二人以上，舞蹈动作有两种：一种是手捧花草；另一种是头顶一个碗，右手拿一根竹筷，敲打头上的碗。舞时排列成纵队，边歌边舞，舞步较慢。黎族群众认为，跳此舞可为孩子祈安求福，并使孩子得到祖宗神灵的保护，消灾除难，健康成长。

在黎族的某些地方还流传“石祖”崇拜的遗风。黎族社会究竟何时从母系社会过渡到父系社会，已无法考证，但是这种过渡应是复杂漫长的。男性为了在社会上占主导地位，他们除了显示强壮有力以及在劳动中是主要劳力外，更引为自豪的是显示其对人类繁衍的重要性，黎族社会对男性生殖器崇拜由此而生。黎族社会对男性生殖器的崇拜有静态和动态两种表现方式。静态为文物，如海南省民族博物馆里，收藏的“石祖”；保亭县甘什岭等地的村庄都有一个护村土地庙，一些土地庙里供奉的是石头雕的男阴。动态为舞蹈及舞具，在白沙县元门、细水等乡，在跳《老古舞》时，舞者在脖子上系着一条用稻草编成的

黎族象图腾

黎族民居内景

有拇指大小、长二十厘米左右的草绳，舞时舞者双手拿起草绳上下晃动，整个肢体动作犹如男女交欢，表现了男性的强壮有力，渲染了男性在人类繁衍中的重要性。

生活习俗舞蹈，由于与人们的日常生活戚戚相关，因此在黎族社会中也有一定的地位。从生活习俗舞蹈的形式和内容上看，它应该属于宗教祭祀舞蹈的延伸，是宗教祭祀舞逐步向娱乐喜庆舞蹈发展的一种过渡形式，朝着娱人多于娱神的方向发展。

3. 娱乐喜庆舞蹈

娱乐喜庆舞蹈，是黎族人民喜闻乐见的群众性舞蹈。每当夜幕降临，黎族群众，特别是青年人便成群结队，在家门前、晒谷场或林中、溪边，伴着欢快悦耳的歌声，清越透亮的哩咧（黎族竹管乐器）声，铿锵有力的锣鼓声，节奏强烈的竹木敲击声欢呼跳跃起来。人们欢歌笑语，手舞足蹈，汇成一支欢乐的交响曲，震撼山谷，激荡人心。娱乐喜庆舞蹈一般在农闲时进行，多出现在节庆、丰收、婚嫁、添丁等场合。

黎族竹竿舞

每年农历三月初三，是黎族人民追念祖先、缅怀民族英雄和青年男女谈情说爱的传统节日。清晨，当太阳刚刚爬上山冈，身着盛装的青年男女，便不约而同地从方圆几十里外的村寨纷纷汇集到约会地点。约会点一般都设在比较平坦的山坳里，当男青年手执阳伞，三五成群来到约会点时，姑娘们每人手提着装满五香饭的竹筒也赶到，她们把竹筒往树杈上一挂，便迅速跑进树林中躲藏起来。这时带头的小伙子吹起一声响亮的口哨，姑娘们听到口哨后，便彼此呼喊着一下子蜂拥而出，但旋即又躲进树林里藏起来。小伙子们把树林围住，

黎族船型屋

先由一人唱歌发问，姑娘答后便一个个走了出来。这时，小伙子们打着伞，各自挑选自己的如意情人，姑娘也在羞涩之中物色自己的如意郎君。双方若情投意合，即可交换定情物，相互歌舞述情，尔后手携手走进树林，一边甜蜜地交谈，一边吃着姑娘带来的五香饭，直至夕阳西下，夜幕降临，恋人们才恋恋不舍地分手回家。这便是黎族有名的舞蹈《踏青舞》。

在丰富多彩的黎族舞蹈中，《猴子舞》也是一种娱乐性很强的民间舞蹈，具有浓厚的远古遗风，有极高的观赏性，一般在节日、娱乐、婚庆时跳。《猴子舞》的表演形式有单人跳、双人跳、四人跳三种，均为男性表演。表演时要身着民族服装，头上扎长 70 厘米、宽 15 厘米的黑边白头帕，再插上三根羽毛，下身穿牛鼻裤（俗称包卵布），打赤脚。单人跳时，舞者扮猴子，在木鼓面上自己跳。双人跳时，一人扮“猴”，另一人男扮女装，“猴”者徒手蹦蹦跳跳于鼓面上；“女”者则手持三十厘米左右的“钱铃”棍，绕着木鼓时而转身、时而下蹲、时而跳跃，“钱铃”棍则不停地在自己的肘、肩、胯、膝、脚

黎族民居一角

等部位轻轻拍打。四人跳时，一人依然扮“猴”，在木鼓面上跳，另一人则击鼓并和余下的两人一起踩着所击的鼓点绕木鼓而舞。四人均学着猴子的各种动作，做出逗人发笑的举动来，诙谐有趣，极力显示出猴子的灵性，场面轻松欢快。

《打柴舞》是黎族民间舞蹈中最有代表性的舞蹈。每当在农闲或收获季节的晚上，人们便在地坪上间隔约两米左右平行摆放着两根碗口大、约四米长的圆木，圆木上再横架着若干相对比较细的木棍或竹竿，由几对人在两根圆木的外侧相对而蹲，双手各握着棍端或竹端，然后有节奏地在圆木上铿锵有力地分合拍击，并演绎出多种多样让人眼花缭乱的花样来，由慢到快，时低时高。男女舞者则随着节奏的快慢轻巧穿梭跳跃其中，每当舞者顺利从木杆或竹竿上跳过，手执棍端或竹端的拍击者会齐声高呼，动作惊险有力，情绪活泼爽朗，气氛热烈诙谐，木竹的撞击声和人们的欢笑声交织在一起。

娱乐喜庆舞蹈是广大黎族人民非常喜爱的舞蹈之一，它成了黎族人民日常生活中不可缺少的重要组成部分。综观黎族娱乐喜庆舞蹈，它应该是由两个部分组成：一是劳动生活中发展而成的舞蹈，二是由宗教祭祀发展而成，变娱神为娱人的舞蹈。

4. 生产劳动舞蹈

舞蹈与人类的生产生活戚戚相关，自古以来劳动和劳动对象始终是舞蹈表现的主要内容之一。生产劳动舞蹈备受黎族人民喜爱，因为生产劳动舞蹈体现的主要是人们的劳动场面，人人都有参与的机会和自我发挥的机会，它无论在取材方面还是在表现形式方面，都来得更加自由，可以不受年龄和地理环境的限制。

收获季节，早谷登场，家家舂新米，户户尝新饭。每当晚饭后，黎族村寨的男

黎族舂米舞

女老少欢聚一起，点燃熊熊篝火，姑娘们则围在木臼旁，每组四人或六人，每人手握长约一点五米的木杵，绕着木臼很有节奏地敲击木臼。当其中一对往臼里用力舂时，另一对便举木杵撞击臼边，她们配合默契，转动的身躯与撞击发出的声音节奏融为一体，时强时弱，时快时慢，表演花样变化多端，场面热烈奔放。木杵和木臼的撞击声、敲击声，清脆悦耳，可以传出二三里外，故有黎族“摇滚”之美称。这便是黎族有名的《舂米舞》。跳《舂米舞》时，姑娘们那忙碌而优雅的舂米动作，衬托出女性特有的美，让人遐想不断，产生美感，是一种劳动和美的有机统一

黎族许多舞蹈都与他们的日常生活相关

的舞蹈。

在乐东、昌江、东方、五指山等市县流行的《赶鸟舞》，也是一种生产劳动舞蹈。相传很早以前，每当人们将稻谷收割后放谷场或谷架上晾晒时，山鸟、家禽便常出来偷吃。为了保护粮食，人们便从山上砍来一种薄皮的山竹，将其两端破开成扫帚状，在拍打时可发出“沙沙”的响声，以此响声赶走前来偷吃谷子的山鸟。后来这种劳动生产方式便逐渐演变为黎族民间舞蹈之一。跳此舞时人数不限，每人右手各执一根一米长的竹子，在音乐的伴奏下，舞者不停地将竹子轻轻击在左手掌、肘、

黎族舂米舞反映了黎族人日常的劳动场景

肩、背、胯、脚等部位上，整个身体也跟着不停地蹦、跳、摆、转，场面热烈而有趣。

《钱串舞》也是一种很有特点的生产劳动舞蹈。相传黎族先民在山上种的“山栏”稻丰收了，人们收割完“山栏”稻后，因挑“山栏”稻下山而产生此舞。此舞主要流行于乐东、保亭等县，表演时，舞者所用的道具为“钱串”棍、烟筒、葵叶扇、大草帽等。“钱串”棍是用六七厘米长的山竹制成，代表扁担，在竹的两端各系上一节铜钱，代表“山栏”稻，而舞时舞者身体摇摆的动作则代表着挑上丰收的“山栏”稻，走在崎岖的山路间。此舞由四男一女表演，右边两个男子手上各

热闹的节日场面

生活用具

持“钱串”棍，左边两个男子一位手拿烟筒，另一位腰佩刀篓、手拿山葵叶大扇，而女子则戴着一顶大草帽，男在前走女随其后，持“钱串”棍者跳跃着互相对打，并灵巧地用棍拍击着自己的左右肩膀及腰侧和四肢，拿烟筒者和葵叶扇者则扭着腰肢，做出各种动作，紧追在后的女子则由于身穿长筒裙而常被缠住脚，总是追不上男子汉们，弄得满头大汗，惹人发笑。此舞场面有趣而热烈，富有劳动生活气息。

5. 英勇斗争舞蹈

公元前 110 年，西汉王朝第一次在海南岛上设立郡县。与此同时，也拉开了黎

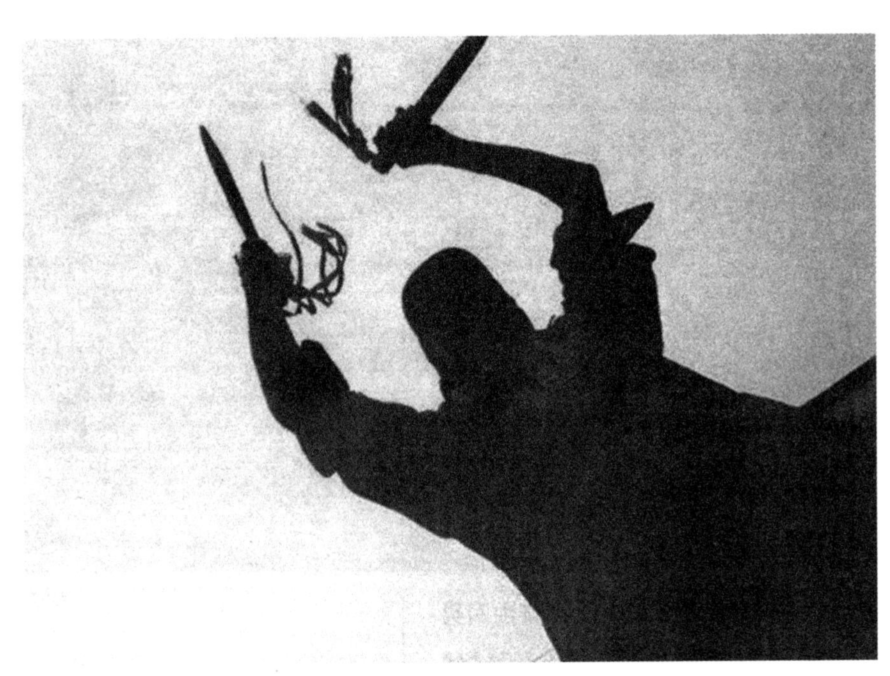

黎族古老的传统舞蹈——双刀舞

族人民与封建统治政权斗争的序幕。黎族人民的反抗此起彼伏，连绵不断。《钱铃双刀舞》就是一部反映黎族人民反抗斗争的舞蹈，主要流传于乐东、三亚、陵水、东方等市县。表演时，由两名男青年身穿传统服装，头缠红巾，一人双手各执尖刀，一人手握“钱铃”棍，两人相互对打。持刀者对着持棍者的各个部位猛刺，而持棍者则前后左右招架，双方周旋灵巧，动作刚劲、矫健。刀和棍的撞击发出的声音，铿锵有力，扣人心弦，场面热烈悲壮，表现了一种临危不惧，血战到底的英雄气概。

《打曲舞》也是反映黎族人民反抗斗争的舞蹈，表现形式和内容与《钱铃双刀舞》基本相同。不同点是《打曲舞》场面宏大，可多人参舞。表演时，表演者中有持刀的、有持棍的、有持扇的、有持烟筒的，他们相互穿插打斗，动作强劲有力，场面大但有条不紊，激烈悲壮，给人以很大的震撼。它反映了古代黎族人民反抗斗争的剧烈程度，既有在前方作战的持刀持棍者，又有在后方管理后勤工作的持扇持烟筒者。因此，这种舞蹈真正体现了战争的场面。黎族英勇斗争舞蹈随着历史的发展，战争的内容渐渐淡化，代之而起的是娱乐性的内容在不断增加。

黎族舞蹈演员表演竹竿舞与游人共乐

黎族人民性格豪爽，能歌善舞，无论是欢度传统节日，举行宗教仪式，还是结婚、建房和农闲娱乐，都必须摆酒设宴，敲锣打鼓，欢跳传统舞蹈。这应该是黎族舞蹈长盛不衰的原故。黎族舞蹈源于生产生活，经加工提炼形成，它具有浓厚的生活气息，集打击乐、歌声、动作为一体，因而深得黎族人民的喜爱。黎族舞蹈通过人物的动态形象，结合音乐旋律，向世人展示了黎族人民内心世界的喜怒哀乐，反映了黎族人民热爱和平、渴望美好生活的思想，是中国乃至世界舞蹈文化宝库中一份珍贵的文化遗产。

此外，在黎族聚居的三亚、陵水一带流行“椰壳舞”，很富于椰岛情调和风味。它是将若干个椰子壳对半锯开，顶部和底部分别穿孔，并用椰叶分别系牢顶部和底部。舞者双脚趾挟着椰叶，脚踩底部半边的椰壳（类似踩高跷），双手则拿着顶部半边的椰壳，然后按一致的节奏拍打，又可自由变换各种队形和图形。椰壳互敲发出清脆响声，充满黎家乡村气息，极富儿童情趣，很适宜少年儿童表演。

海南椰林

为避免火灾，黎族谷仓常建在离村较远的路边

（六）人生礼仪

一个村子里，谁家有红白喜事，或遇什么天灾人祸，全村人都会前来帮助，甚至远近邻村和素不相识的人都来，这种帮助是无条件的，不计任何报酬。父母双亡的孤儿，会得到亲戚和全村人的关照；无劳动能力者，亲戚或村人会帮犁田、耕种、收割；鳏寡孤独者，不管是否有直接的赡养责任，都会尽力照顾，过年过节还请他们去饮酒，年长的让坐首位。哪家盖房子，全村男女老少会主动前来帮忙，直到房子盖好为止，房子建成后，房主为酬谢乡亲们的帮忙，往往要杀牲口摆酒席来招待众乡亲。哪家要娶亲，人们都纷纷前来当帮手。无力娶

对无劳动能力者，亲戚和邻里会帮其犁田、耕种、收割

谷仓

亲者，亲戚和全村人都会帮助他筹钱筹粮为他完婚。哪家媳妇坐月子，同村的姐妹们会主动来帮洗尿布、做家务、干农活。村里有人病故了，乡亲们会根据自己的能力予以帮助，出钱、出米、出酒、出菜、出力，或帮助丧家挑水、煮饭、做菜、砍树制棺材，直到丧事办完。真是一家有难百家帮。过去，只要有外人来劫寨，全寨人会共同起来反抗，保卫家园，其他村寨获得消息也会前来相助。在村寨中，人们往往以勤劳来判断人品的好坏，劳动光荣，勤劳人备受人尊敬，懒人被社会鄙视，会娶不到媳妇。

黎族人民讲究礼节礼规，扶老携幼，礼

别具一格的黎族船屋

貌待人，是黎族的传统美德之一。路上相遇，晚辈要主动向长辈招呼，年纪小的主动让路给年纪大的，女的让男的，轻便的让负重的。碰见老人挑担，年轻人要乐于与老人“换肩”，帮挑一段路或送到家。所以在黎族地区的鳏寡病残智弱无助者极少，而流浪者更是没有。到亲朋家做客，进出主人房屋，男从南门，女从北门，不能直接从这门进那门出，否则被视为不懂礼貌。用餐时，客人不入席不开饭。酒席上，让年纪最长者坐首位，第一碗酒要敬给年纪最长者。与老人交谈或相处，不论老人的社会地位高低，家境贫富，一律不能直接叫老人的姓名，而要用尊称，如公

热情的主人会用槟榔来招待客人

某某、婆某某、伯某某等，而用“侬”来称呼自己，表示谦虚。解决民事纠纷，要请村中德高望重的老人来调解、仲裁。在任何场合，不尊重老人、虐待老人都被视为没有教养、缺乏道德的行为，将受到社会舆论的谴责。爱幼则主要表现在对幼儿抚爱和舆论的导向、行为的影响上。婴儿出生母亲无奶时，村中所有育婴期的妇女都乐于前来给新生婴儿喂奶，女人抱起来亲亲脸，男人抱起来轻拍屁股，以表示疼爱。黎族社会没有性别歧视，男女都一样，嫌弃女婴的现象十分罕见。

当客人置身于黎族村寨中，不论是本民族还是其他民族，不管是老客新客、认识或不认识，凡到家里都是朋友、都是亲戚。热情的主人会先用上等的烟叶、槟榔来招待客人，然后再以好酒、好菜、好饭来款待，喝酒时客人喝得越醉，主人越高兴，要是喝不醉主人会感到脸上无光，所以每个到黎村的客人都有宾至如归之感。客人除了主人招待外，还会被主人的亲戚或邻居请去吃饭，如请而不去，会被认为看不起人家，请客的人会很不高兴。黎族对客人中的长者、新客人尤为热情，所以凡想到黎家做客的新客人和长者，要有喝醉酒的心理准备。

黎族朴实善良，恪守信誉，不偷，不受偷，不欺，不受欺。所以黎族在好客的同时，希望客人肝胆相照、以诚相见，说一不二、恪守信用，不诚实的人会被认为是最缺德的。黎族同别人进行贸易、借贷或其他往来，只要有言在先，各方都严守信用。耍诡计、欺骗人的行为，为黎族社会所不容，并由此可能引发纠纷甚至械斗。

不贪心，不偷盗，是黎族每个家庭对子女的基础教育之一。自幼起，黎族家庭就对孩子进行这种观念的灌输，培养他们对别人劳动成果的尊重。所以，多数黎族村寨都是“路不拾遗，夜不闭户”。如果

盖新房，邻居都来帮忙

你看中了一棵树或一个鸟巢、一块荒地，只要在旁边打个草结，就不会再有人来侵占或提取。如果路上发现有人失落的东西，也拾起放在较显眼处，以便失主找到。为避免火灾，谷仓建在离村较远的路边，不上锁，不用看守，也不必担心会被偷。

（七）宗教信仰

黎族没有形成统一的宗教，各地均以祖先崇拜为主，也有自然崇拜，个别地区还残留着图腾崇拜的痕迹。黎族信鬼。最大的鬼是祖先鬼，祭祖先鬼要剽牛，祭祀其他鬼可以杀猪、杀狗或杀鸡。从事宗教活动的人，

船型屋

建在椰林边的黎族房屋

黎族称为“道公”、“娘母”。道教传入后，对黎族的宗教产生了一些影响，但只是利用了道教的一些名称、法器和形式，核心内容仍然是黎族的祖先崇拜和自然崇拜。

祖先崇拜。黎族把祖先称为“祖先鬼”。在他们中间，各个氏族都有自己的氏族谱系，都有自己的“祖先鬼”，人们对“祖先鬼”的概念还停留在“恶鬼”阶段，认为祖先鬼是一种凶鬼，它支配着人们的生存和幸福。因此，在黎族人中，平时不得随便点别人氏族谱系的“祖先鬼”之名，认为点了以后会使对方不安宁。如有人生

黎族民居船型屋

病或遇到灾难，要杀牛、猪、狗、鸡，敲锣打鼓进行祭祀，以除病消灾。

“草魂”信仰。黎族人中有古老的“草魂”信仰。他们认为那些生长在深山或悬崖处的草类植物（黎族统称其为“山猪药”）都有灵魂，如果猎手不种这些草，就没有“草魂”，上山打猎就寻找不到猎物，即使偶然遇到也打不中。因此，猎人上山一旦发现这些草，便把它移植于房前屋后，以便出猎使用。

英雄崇拜。黎族所崇奉的女神丹雅公主也是一位英雄神。相传她是海俚国国王的女儿，后被国王流放到海南岛。在荒无人烟的海岛上，她茹毛饮血，建立家园，生育后代，并教会后代打猎耕作、建造房屋、纹脸织裙、佩戴项圈、战胜山鬼，被黎族人奉为女祖神而受到崇拜。

四　习俗独特的婚丧嫁娶

（一）好事成双

1. 爱情节

农历三月初三是黎族人民一年一度的盛会。会场一般设在开阔的橡胶林里，头上绿叶蔽天，幽邃、凉爽、安谧。传说远古时代，聚居于昌化江畔的黎族百姓遭受了一次大洪灾。只有一对恋人坐在大葫芦瓢里幸免于难，漂流到燕窝岭边。三月初三，洪水退去，二人结为夫妻。男耕女织，生儿育女，相濡以沫，辛勤劳作，又渐渐使黎族繁衍发展起来。后人奉他们为祖先，每逢三月三便隆重纪念。节日里男女老少身着盛装，带着糕点、粽子，小伙子们捕鱼，姑娘们做饭烤鱼，然后把祭

三月三的会场设在开阔的橡胶林里

海南亚龙湾的各种贝壳

品供于有天妃和观音化石的岩洞口。拜祭完毕，青年们来到活动会场，进行射箭、爬竿、摔跤、拔河、荡秋千等活动。夜幕降临，岸边燃起堆堆篝火，小伙子们撑开花伞，姑娘们的银饰及贝壳饰物在火光下闪烁。情歌婉转，舞蹈渐起，由平缓抒情而进入欢乐奔放。有时一对对情人悄悄离开篝火旁，小伙子把耳铃挂在姑娘耳朵上，把鹿骨做的发钗插在姑娘的发髻上，姑娘把自己亲手精心编织的七彩腰带系于情郎腰间，双方相约明年三月三不见不散。因三月三从其来历和主要活动内容来说，都与婚恋有关，故而也称为爱情节。

黎族男子一般上身穿无领对襟无纽扣麻衣

2. 夜游

“夜游”是黎族青年男女谈情的另外一种独特形式，它与“隆闺”有密切的联系。每当夕阳西下，男青年们便穿戴整齐，跋山涉水到远山别村的“姐妹隆闺”去，通过对歌和吹奏口弓、鼻箫来寻找情人，可以说是真正的自由恋爱。进入“姐妹隆闺”需要有一番才智。首先，男子要以歌叩门，女方若同意他进来，就回应一首歌；若不同意，就丢去一首不开门歌，男子只得离开。待到男子进得门来，还不可随便乱坐，要对唱见面歌和请坐歌才行。坐下后，男子便要开门见

黎族婚俗

夜幕降临，海岸边多了些散步的黎族人

山地表明来意，说明是来找情侣还是来求婚的，女子回应是否已有情人。要是进入的“隆闺”里姑娘多，不知哪个姑娘愿投情，男女便要唱试情歌，愿意的姑娘自然就会回应他的。接下来，那种表达爱情的对歌声、口弓声和鼻箫声就会此起彼落，直到情投意合。情投意合后，男方就向女方送银元、铜钱、针、布衫、腰篓、竹笠等物品，作为同床过夜的礼物。往后相互邀约，夜间常来常往。这种往来关系，有的达一月半年，有的达两三年。当然，也有情分已尽的，那就互唱断情分离歌，之后便互不干涉，各自寻找新的情人去。

槟榔

3. 定亲

如果一对黎家情人恩爱难断，需缔结秦晋之好时，他们便把婚事告诉自己的父母。然后，男方一家的父母兄弟就要选定吉日，请两名媒人试探女方父母对此婚事的态度。媒人穿着漂亮的花筒裙，戴着崭新的精制斗笠，用两条新毛巾包四个最好的槟榔到女方家。若女方家长打开毛巾吃槟榔，则表示同意，接着双方就要商定“放槟榔”的时间和价钱。时间多定在农历六月或八月的双日，象征着成双成对。

4. 放槟榔

槟榔象征婚姻常绿常新，预示男女双方相亲相爱，和睦美满。黎族称“放槟榔”或“放衣服”。良辰吉日那天，女方家热闹非凡，远近的亲戚还有村里的男女老幼都聚集于女方家等待“吃槟榔”。两名媒人拿出男方准备的物品（一般是600个槟榔，光银一对）在客堂坐好后，女方父母就要开毛贴，吃槟榔。此时参加“吃槟榔”的人都是出双入对的，比如父母或哥嫂，否则就会认为不吉利。媒人分送槟榔时要看辈分，大的给吃，小的只好自己讨着吃。有时小辈想吃槟榔竟把媒人围得水泄不通。吃槟榔时，女方家也

在黎族人心中槟榔有着美好的寓意

进入“姐妹隆闺”需要有一定的才智

只要两名妇女待客（忌寡妇）。桌上只坐四个人。吃饭时忌讳掉筷子、碰盘子之类的事情发生。菜类多为双尾鱼（即尾巴开的鱼），一般不吃肉类。媒人送来的600个槟榔中，有40个刻上形色多样的花纹，这是专送给父母至亲的。

5. 结婚定日，鸳鸯圆梦

结婚的前天，男方筹足资金后，会在农历十二月份，又派两名媒人带着一对鸭、两小坛米酒、八个槟榔往女方家“问日”（问日包括择日、议价）。一般情况下，男方交给女方家的彩礼包括一些钱物，筒裙两套，戒指一只，百斤以上的猪一头，

农历三月初三是黎族人一年一度的佳节

米酒八坛。女方择定吉日，多定在龙、牛、马、羊双日。送女、娶妻均在晚上。一到下午男方家便派族内两名女青年带上槟榔、香烟、糖果到女方家迎亲（须在太阳落山之前赶到）。晚上，嫂或（堂表嫂）帮新娘梳妆打扮。完毕之后，女方姊妹或者表、堂姐妹簇拥新娘抱头痛哭。哭声象征了对父母的养育之恩的感怀，从此姊妹要天各一方。此时，姐夫（或堂、表姐夫）要把新娘往外拉，两方争夺，哭声震天。新娘要一边哭一边托着槟榔盘让亲戚朋友吃槟榔，有两名或四名弟弟（表、堂弟）跟在后面。乐队会敲敲打打将迎亲队伍和新娘送到男方家的村庄。到了以后，新郎伴郎便对弟弟、新娘鞠躬，连行

黎族民居一角

三遍。新娘一踏进门槛，鞭炮轰响，接着便拜堂（须穿上婚礼专用长筒裙）。拜堂一般在天亮之前完成，大家要通宵达旦地闹洞房。天一亮，亲戚朋友便蜂拥而至喝喜酒。上午10点钟左右，新婚夫妻得回娘家，到女方家问候女方父母，叫“回路”，至此婚礼结束。至今，黎族地区一直还流传着这样一首民歌：

《贺新居 虫日起新房，龙日登高堂》

你个孤寒仔，造屋多宽敞！
看它长又长，好把宝石放。
父老送礼来，相贺带表彰。
你为众后生，树了好榜样。
铜锣一面面，大小亮晃晃。
哥你时运到，新居迎新娘。

屋场风水好，虫日起新房！

黎族实行一夫一妻制的父系小家庭，儿女成年后即住在屋外的“寮房”里。婚后妻子在夫家定居后，夫妻便与父母分居别炊。盛行婚后不落夫家（婚后新娘返回娘家居住一两年乃至七八年后，才定居夫家）的风俗。非婚生子女不受歧视。离婚和寡妇再嫁比较自由。

（二）丧葬仪式

早期黎族一直保留较古老的仪式，村内或峒内遇有人死，便鸣土枪报丧，全村或全峒的人都来吊唁、哭丧，三天不吃主粮，不做重工，不入田园耕地，只喝糯米甜酒，这

百岁老人村

些甜酒都由兄弟、亲戚家送来，先在酒罐内冲入清水，然后用小竹管吸酒，吸完后再冲水。一般都是用独木棺，不停棺，当天埋葬，不建墓冢。死者如系男人，葬于本村同一血缘集族的公墓地，外村嫁来的女子，则须抬回其娘家，葬于其父方的公墓地。丧葬仪式各地不同，接近汉区的有停棺打醮、看风水择地起坟的风俗。合亩地区死者葬在氏族的公共墓地，以独木棺土葬，不筑坟立碑，葬后不再祭扫。

黎族老人

（三）禁忌莫忘

黎族在千百年的生活生产中形成了独特的禁忌。

婚姻禁忌。同血缘禁婚，订婚忌用白鸡，以为如是会使夫妻不和睦。婚嫁择吉日，避忌虎、猴、牛日。婚后禁忌再有私情。

家庭禁忌。哥哥忌坐已婚弟弟的床，忌穿已婚弟弟的衣物，忌用弟媳的斗笠、腰篓，忌与弟媳同桌吃饭和碰撞，路上相遇弟媳要主动让路；公公与儿媳、兄弟与姐妹之间忌讲粗话脏话；男的不能动女的衣裙、针线、纺织工具，女的不能动男的粉枪、尖刀、弓箭等狩猎工具。

黎族有看风水择地起坟的风俗

产忌。孕妇忌吃狗肉，否则认为会难产或流产。保亭、琼中等地黎族，产妇分娩时，以门前挂树叶为忌门标志，禁止外人入产室，以免将鬼神带入。分娩3天内，产妇不得外出，不得与外人说话，不得洗身。产后一个月或百日内，禁食鱼、蛋；认为鱼会“寒”身，蛋使子宫下垂。产后忌坐男人凳子，忌与丈夫同房。

丧葬禁忌。家中死人，其亲属三年内逢忌日（死者去世之日）均不得下田，若死者为组织、领导生产的“亩头”，其亩众须同守此忌（黎族以十二属相记日月，故每十二天便逢忌日）。海南合亩地区黎族逢鸡、牛、虫、马日忌生产；牛日男子不犁田；鸡日妇女不插秧、拔秧；马日、虫日妇女不插秧、捻稻。丧期死者亲属不得正面穿衣，须反穿；不得洗头洗身；不得唱歌、奏乐、敲锣鼓、放鞭炮；禁忌耕作。丧宴忌吃米饭，可以肉下酒，可吃杂粮；众人不得在丧家吃猪肉粥、牛肉粥、鸡肉粥和米饭；忌中午出殡，认为午葬会招灾。

生活习俗禁忌。忌头朝门口睡觉，因尸体才头朝门口待抬出埋葬。若客人犯忌，主人亦不悦，认为可能有祸事临头。

整洁的民居

五 斑斓锦绣的多彩服饰

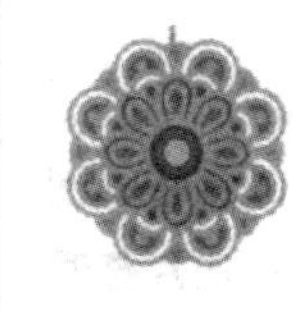

（一）衣香鬓影来

黎族的服饰有别于其他民族，黎族男子一般上身穿无领对胸无纽扣麻衣，上衣无领对襟，腰间前后各挂一块麻织长条布，下穿前后两幅布的吊檐，男子结鬃缠头，头上缠红布或黑布，形状有角状和盘状。黎族妇女一般穿对襟或偏襟、直领或圆领上衣，上衣边沿绣花，并缀以贝壳、铜钱、串珠等饰品，下穿筒裙，头发扎成球形，插以骨簪或银簪。黎族妇女束髻于脑后，插以箭猪毛或金属、牛骨制成的发簪，披绣花头巾，上衣对襟开襟无扣，尚青色，下穿无褶织绣花纹的筒裙，

黎族妇女在纺织

盛装时戴项圈、手镯、脚环、耳环等，有些地方的妇女的耳环多且重，耳根下垂至肩，史称“儋耳”。

黎族妇女一般穿对襟或偏襟，直领或圆领上衣

黎族传统纺织（黎锦）工艺是黎族人民创造的一项古老的文化。黎族的棉纺织工艺在宋元以前曾领先中国各民族一千多年，对促进我国棉纺织业的发展作出了特殊贡献。黎锦分为四大工艺：

纺。主要工具有手捻纺轮和脚踏纺车。手捻纺纱是人类最古老的纺纱工艺，这种工艺使用的工具为纺轮。

染。黎族可用多种野生植物染料染色，染色是黎族民间一项重要的经验知识。美孚方言区还有一种扎染的染色技术，古称“绞缬染”。先扎染后织布，把扎、染、织的工艺巧妙地结合一起，在我国是独一无二的。

织。织机主要分为脚踏织机和踞腰织机两种。踞腰织机是一种十分古老的织机，与六七千年前半坡氏族使用的织机十分相似，黎族妇女用踞腰织机可以织出精美华丽的复杂图案，其提花工艺令现代大型提花设备望尘莫及。

绣。黎族刺绣分为单面绣和双面绣。

其中以白沙润方言区女子上衣的双面绣最为著名。由我国著名的民族学家梁钊韬先生等编著的《中国民族学概论》这样描述双面绣：“黎族中的本地黎妇女则长于双面绣，而以构图、造型精巧为特点，她们刺出的双面绣，工艺奇美，不逊于苏州地区的汉族双面绣。”

黎族妇女都擅长纺织绣染，她们席地而坐，用简单的围腰机织布，织出图案精美、色彩艳丽的筒裙、花带等。黎族服饰色彩一般以黑、红色为主，间配以黄、白等颜色，显得庄重富丽。黎族服饰图案中最常见的是人纹和人祖纹，其周围配以象征部落繁衍的花草纹，有些还绣有神台和兽足印纹，反映

黎族女子擅长编织

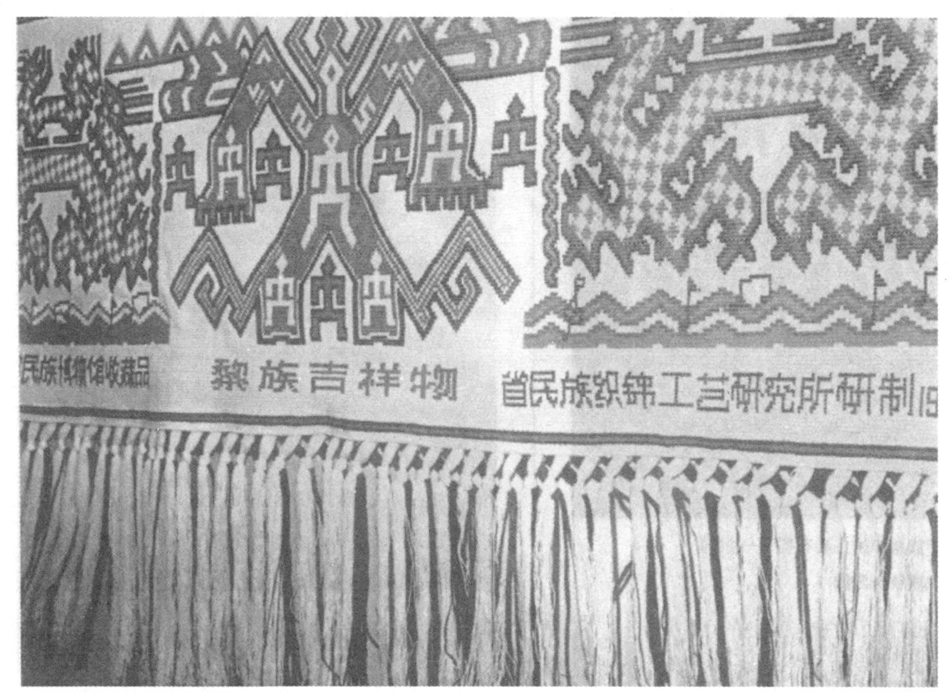

织锦做成的手工艺品

了黎族人民祝愿部落繁荣昌盛的美好心愿。她们还运用直线，平行线、三角形、菱形等几何纹饰，把人、动物、昆虫、瓜果、花草等上百种图案在服饰上抽象地表现出来。

黎族织锦图案丰富多彩，多达 160 种以上。主要有人形、动物、花卉、植物、用具、几何图形等六种类型纹样。龙被是黎锦中的一种，是在纺、织、染、绣四大工艺过程中难度最大，技术最高超的织锦工艺，它是历史上进贡的珍品之一。

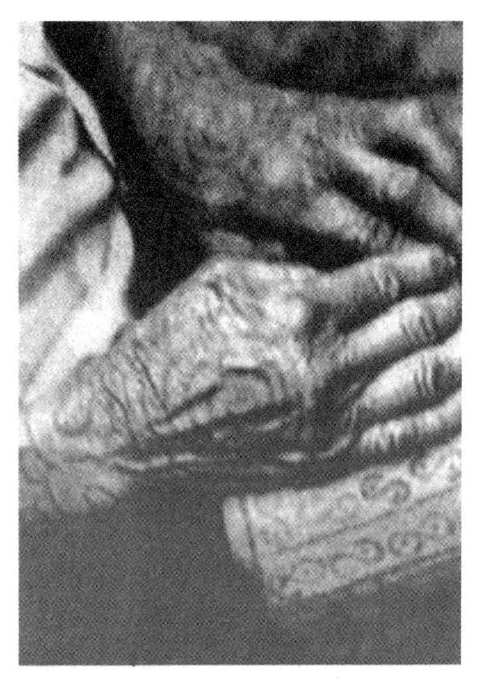

黎族服饰的主要布料——织锦
黎族纹身图腾

（二）绣面文身

相传很久以前，有个非常漂亮的小姑娘，名字叫乌娜。乌娜很聪明，6 岁就会绣花，8 岁就会下田种地。乌娜唱的歌，天上的云彩也会停下来倾听，水里的鱼儿听了欢喜得待在水面上不愿离去。小乌娜 13 岁时，长得如天仙一样美丽，不少年轻小伙子来向她求婚。乌娜看上了邻村的劳可哥哥。劳可聪明、健壮、勇敢、勤劳。但是，那年皇帝派人到民间选美，看上了乌娜。乌娜用尖尖的荆棘，往自己的脸上乱刺，刺成花花点点，血流满

黎族妇女的筒裙和身上琳琅满目的银饰

面，躲过了皇帝和官兵的纠缠。乌娜嫁给了劳可。为了逃避，他俩搬到更荒凉的深山里去居住。他们种山栏、纺织、狩猎，用勤劳、勇敢和智慧开辟了一个新的家园。不久他们生育了子女，为了不再受皇帝的抢劫，乌娜要女儿也在脸上刺上一道道的疤痕。一代传一代，后代黎族妇女便都文面了。至今，部分地区居民仍保留古代称为“雕题”的文面、文身风俗，特别是妇

黎族的棉纺织工艺领先其他民族一千多年

女有文身风俗，一般从十二三岁开始至婚前陆续完成，个别有婚后完成的。文身工具是植物刺针、小竹木棒和植物染料。文身的部位主要是脸、颈、胸和四肢等处。不同地区，文身图案差别很大。这种习俗目前已基本消失，仅在偏僻地区能够见到。

六 别具一格的民居建筑

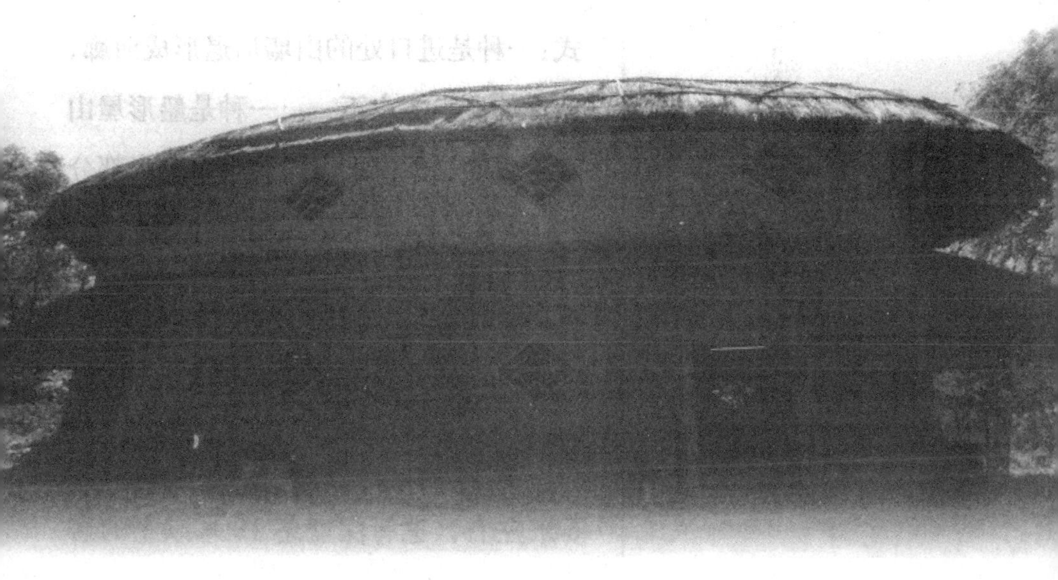

金字形房屋

环绕于五指山地区的黎族聚居地，依山傍水，环境宜人，其建筑物风格也独具特色。黎族人民居住的房屋很有特色，一般呈船底形和金字形两种。船形屋是竹木结构建筑，外形像船篷，用竹木架构；金字形屋以树干作支架，竹片编墙。

民居外形

船形屋平面呈纵长方形，由两端山墙入口，最原始的船形屋顶和墙合而为一，屋盖呈半圆拱形，整个外形轮廓像一条船。船形屋一般由前廊和居室两部分组成，居室后面附有杂物间，或在前廊一侧另盖小房一间。前廊的修建有几种形式：一种是进口处的山墙后退形成凹廊，凹廊的大小各户不一；一种是船形屋山墙部分的屋顶作悬山式挑出，挑出部分约1—1.5米，并有茅草复盖，形成前廊；一种是用立柱支撑起门廊，进深可达3—4米，是一种凉棚式前廊。

室内布置

居室部分跨度为4—6.5米，深度约六米左右，也有深度达10米以上的居室。居室是全家睡觉和煮食的地方，室内布置简陋。睡床为竹片和木板床，离居室地面约四十五厘米，架空楼板的居室席地而卧。炉灶为用石头砌成的三石灶或马蹄形灶，通常设在床铺的对面。居室四面用竹子或吊绳搭成棚架，以挂放食物、粮食、种子等杂物。居室或前廊的屋梁上悬挂婴儿的摇篮和儿童玩耍的秋千，成为儿童嬉戏的场所。船形屋一般不开窗，据称是要防“恶鬼”入室，因此通风采光都很差，加之室内煮食，烟火弥漫，卫生条件较差。黎族地区气候炎热，日常家务如舂米、纺织、编竹藤器乃至休闲、会客都在廊子里进行。因此前廊面积有扩充至18平方米或更多一些的，前廊还设有睡床，成为具有多功能的空间。

黎族聚居地依山傍水，环境宜人

黎族建筑物独具特色

民居发展

黎族民居受汉族民居影响较大，有的地区将船形屋直接盖在地面上，由架空结构变为落地式民居。落地以后，将船形屋顶上升以便于采光通气，变成一种“半船形屋”的住宅。海南陵水、崖县一带的民居已和当地汉族住宅差不多，屋顶为悬山式金字顶，开间和进深也接近汉族民宅。从发展趋势看，船形屋将日趋减少，逐渐被金字形屋顶的横向式住宅所取代。

建筑材料

木材、竹子、红白藤、茅草、椰子树等

是黎族人民就地取材的建筑材料。陵水、崖县一带沿海所产的珊瑚石是一种砌墙的好材料，已被当地黎族同胞所采用。海南岛天然石材很多，但黎族民间采石、打石的技术不高，尚未广泛利用石材修建民居。

稻择是黎族的传统谷仓

隆闺

黎族习俗，孩子长到十三四岁便要搬到“隆闺”去居住，不与父母同住。“隆闺”是黎语，大意是“不设灶的房子”。男子自己上山备料盖“隆闺”，女子由父母帮盖，大多建在父母住屋附近或村边较偏僻的地方。“隆闺”有男女之分，大小之别，男子住的称“兄弟隆闺”，女子住的叫“姐妹隆闺”，大的住三五人，小的仅住一人，是黎族青年男女由相识到定情的小房子。“隆闺”的式样和住屋相似，不过要狭小得多，室内一般不间隔。“隆闺”仅开一个非常矮小的门，只可弯腰而入。

稻择

海南岛五指山区的黎族同胞，解放前分布于各深山岭峒的相当一部分人，靠垦荒地种旱稻和其他作物过活，那时到黎村的人，常见村旁宅地边或园里的木架上挂有似排墙竖着的金黄稻谷，它就是黎族同

船底形房屋

胞从刀耕火种的山栏园中用手捻的山栏稻把。为便于收拾管理，则根据自己居住的条件，常使用这种木架，也就是俗称的稻择存放，它是人们通过生产和管理的实践总结出来的简易放粮方法，已经成为一种传统习惯。

稻择是黎族的古传谷仓，有互不侵犯的传统，无论建在村旁宅边，还是山栏园里的都很安全，这也与它在民间的流传有关。传说如谁偷窃人家稻择或粮仓的谷子，会被地知天见，终有一天不被雷打死就是落水死，到头来终归害了自己，就这样黎民养成了谁也不侵占谁家财物的传统风尚。

七　声名远扬的女中豪杰

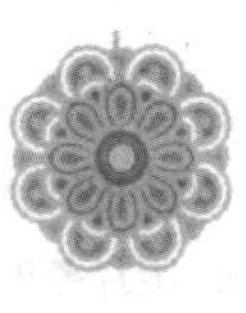

唐虞时代，海南岛为南交之地。夏商周三代，海南岛为扬越之南裔。秦始皇南征百越后，在南方设置了三个郡，象郡为其中之一，海南岛为象郡之边塞。汉武帝时期，在琼崖(海南岛的古称)设置珠崖、儋耳两郡。从此，实现了中央政权对海南岛的直接统治。后来由于官吏贪赃受贿，引起反抗斗争，导致琼崖的设治时置时废，有名无实。晋代琼崖郡并入合浦郡，南朝宋元嘉八年复立琼崖郡，梁朝基本上放弃对琼崖黎族地区的统治。

隋朝时期改琼崖郡为崖州。唐太宗贞观五年又置琼州，于是当时海南岛有四州：崖州、儋州、琼州、振州。宋元时期，琼崖

海南岛风光

海南椰林

行政区实行改革，除了琼州外，其余均改为“军”，如吉阳军（原崖州），南宁军（原儋州），万安军（原万州）。元顺帝至正二十七年，琼州改隶海北海南道宣慰司，属于广西行中书省管辖。明太祖洪武元年，琼崖改为琼州府，把部分黎族编入图都、乡等基层组织，隶属于州县。清袭明制，在琼崖设置“抚黎局”专管黎族人事，又在五指山腹地各区设总管、哨官进行管辖。

这里有一位伟大的女性特别值得一提：冼夫人，南北朝时期人，黎族。冼氏世为当地首领。冼夫人自幼聪敏，熟谙军事，后嫁于汉族人冯宝为妻。梁朝时，高州刺史李迁仕欲谋反，冼夫人智破叛军。为解决海南与中央政权长期脱离问题，冼夫人“请命于朝，置崖州”，并与冯宝率军三下海南，结束了海南“久乱不统”的局面。冼夫人深明大义，致力于民族团结，密切了中原与海南岛的关系，促进了黎族社会经济的发展。南北朝和隋朝初期，中央政权对海南岛的统治更加巩固，冼夫人起到了重要作用。在海南期间，冼夫人设置崖州，恢复了与中原的联系；还多次平定匪贼叛兵，使得地方安定，百姓乐业。她从内地组织移民开发海南，带来了中原先进的生产技术，如推行牛耕、兴修水利、选种施肥等，还无偿地向农民提供种苗、种

海南岛猴岛风光

巍峨的五指山

子，又设法向人民传授纺织、制衣技术。其丈夫冯宝在海南办学兴教，还把医疗知识传授给人民。海南人民爱戴冼夫人，尊她为冼太夫人、谯国夫人、诚敬夫人、圣母娘娘、郡主夫人、懿美夫人等，甚至将她奉为神灵。

冼太夫人历经梁、陈、隋三朝约八十年，其军事、政治活动横跨南越十余州。她生逢全国时局最混乱之时，作为南越首领，拥有自己庞大的武装力量，并且深得民心，完全具备割据称雄的条件，但她却能完全地顺应人民的要求与愿望，始终致力于国家的统一和民族团结。她一生不遗余力地协助中央政府剪除地方割据势力，惩治贪官污吏，革除

黎族女英雄——冼夫人塑像

社会陋习，以促进民族融合和推动社会文明进程。她事国以忠，亲民以德，行政以仁，治兵以义，因此恩播百越，威震南天，深受人民爱戴，屡得皇朝褒扬。她的子孙们为祖国的和平统一和民族团结继续尽心尽力，成为南朝梁、陈及隋与唐初稳定珠江流域政治局面的主要支柱，为岭南地区社会相对百年的稳定和经济发展作出了巨大贡献，是爱国主义典范。时势造英雄，客观情势使谯国夫人脱颖而出，而谯国夫人也在动荡的社会中做出许多男子汉也不可能做到的事情。

八 风景优美的旅游胜地

天涯海角风光

（一）天之涯，海之角

天涯海角风景区位于三亚市区约23公里的天涯镇马岭山脚下，前海后山，风景独特。步入游览区，沙滩上那一对拔地而起的高十多米，长六十多米的青灰色巨石赫然入目。两石分别刻有“天涯”和“海角”字样，意为天之边缘，海之尽头。“天涯海角”就是由此得名。

这里经历代文人墨客的题咏描绘，成为我国富有神奇色彩的著名游览胜地。古时候琼岛孤悬海外，交通闭塞，“鸟飞尚需半年程”，人烟稀少，荒芜凄凉，是封建王朝流放“逆臣”之地。来到这里的人，来去无路，望海兴叹，故谓之“天涯海角”。宋朝名臣胡铨哀叹“区区万里天涯路，野草若烟正断魂”。唐代宰相李德裕用“一去一万里，千之千不还”的诗句倾吐了被贬谪的悲惨际遇。这里记载着历史上贬官流臣的悲剧人生，经历代文人墨客的题咏描绘，成为我国富有传奇色彩的著名游览胜地。这里碧水蓝天一色，烟波浩翰，帆影点点，椰林婆娑，奇石林立，那刻有“天涯”“海角”“南天一柱”“海南南天”等巨石的雄峙海滨，使整个景区如诗如画，美不胜收。

鹿回头岭现已辟为公园

目前，天涯海角已成为海南岛最南部岩石成群的风景带和中国最著名的海滨度假区。游客至此，似乎到了天地之尽头。

现在景区内还建有海水浴场、钓鱼台及海上游艇等设施，一座由现代建筑和仿古典传统园林式建筑风格相结合的“天涯购物寨”“天涯漫游区”“天涯画廊”“天涯民族风情园”“天涯历史名人雕像”等屹立在海角景区，令人目不暇接，流连忘返。附近有“点火台”“望海阁”“怀苏亭”和“曲径通幽”组成的多层次游览胜地。

（二）回头鹿，鹿回头

览胜登临鹿回头，南海秀色目中收。
黎村苗寨高楼立，片片白帆绿水游。

椰树经风摇羽扇，香英过雨晒新绸。
南国花木无凋日，三亚风光眷恋留。

来到位于三亚市南部5公里的三亚湾，登上鹿回头岭，它伸向南海、状似坡鹿。三面临海，四季山青。从前，这里是亘古偏僻荒漠的琼崖最南端的一座小山，连同故事传说及后人立起的一座巨型石雕组合为鹿回头。它不仅是一座情山、奇山，而且还有美

“鹿回头”雕塑

丽的海景，活灵活现的“仙鹿树”“夫妻树”，极富情感的自然景观与世代相传的传说构成了一个美丽而浪漫的故事。相传古时候五指山区一位黎族青年猎手，头束红巾，手持弓箭，为逐猎一只坡鹿翻山越岭，一直追赶到海滨的石崖上。巅峰峭壁下，大海茫茫，进退两难。忽然一道火光，烟雾缭绕，坡鹿回头变成了一个美丽的黎族少女，并与青年结成百年之好的恩爱夫妻，在此男耕女织，繁衍生息，形成一个黎族村寨。从此，这座岭就叫“鹿回头岭”，这个村就叫“鹿回头村”，这个半岛就叫“鹿回头半岛”。

鹿回头岭现已辟为公园，有环山公路可达山顶，山顶上竖立着再现鹿回头神话的塑像，高达 12 米。登临山顶，三亚市秀丽风景尽收眼底。夜登于斯，更有恍入广寒宫之感。鹿回头山下，椰林掩映着宾馆、度假村、椰庄和珍珠养殖场。这里是我国最理想的冬季避寒度假胜地之一。登临鹿回头岭，眺望大海，南海的波涛洗刷了连日奔波的疲惫，阔远的蓝天融化了往日的郁闷和惆怅，如火的骄阳下闭上双眼懒懒地躺在岭上，聆听海的涛声。渐渐地你会发现你的心灵已经变得恬淡宁静，融入了对遥远而又古老的神话故事的畅想之中。

在鹿回头岭眺望大海

南山文化旅游区

（三）福如东海，寿比南山

南山文化旅游区位于三亚市西的南山，距市区 40 公里，游览区以北有 255 国道和海南环岛高速公路通过。南山文化旅游区是经国家有关部门批准建设的一个融中国民族民俗文化、生态环境保护、热带海洋风光和佛教文化为一体的全方位多层次的国际文化旅游园。共有三大主题公园。南山佛教文化园是一座展示中国佛教传统文化，富有深刻哲理寓意，能够启迪心智、教化人生的园区。主要建筑有南山寺、南海观音佛像、观音文化苑、天竺圣迹、佛名胜景观苑、十方塔与

南海观音像

归根园、佛教文化中心、素斋购物一条街等。南山与观音，因缘殊胜。观音菩萨有十二心愿，其第二愿就是“愿长居南海”，故称南海观世音。南山踞南海之滨，形似巨鳌，古称鳌山，有观音坐骑之相。琼州历来有观音出巡南海之说，观音菩萨在此寻声救苦，普渡众生之功德，童叟可颂。南山侧望之东瑁、西瑁二岛，相传为观音闻声救难时担土跌落而成。

中国福寿文化园是一座集中华民族文化精髓，突出表现和平、安宁、幸福、祥和气氛的园区。南海风情文化园是一座利用南山一带蓝天碧海、阳光沙滩、山林海礁等景观的独特魅力，突出展现中国南海之滨的自然风光和黎村苗寨的文化风情，同时兼容一些西方现代文明的园区，景区娱乐点有滑草场、滑沙场、黎苗民族风情苑、神话漫游世界、黄道婆纪念馆、海洋公园、海底世界、花鸟天堂等。

（四）世外桃源，小小月湾

最好的总是在比较隐蔽的地方，以保持它的神秘，这就是中国最后一块处女海湾——小月湾。小月湾的海水、沙滩从未受

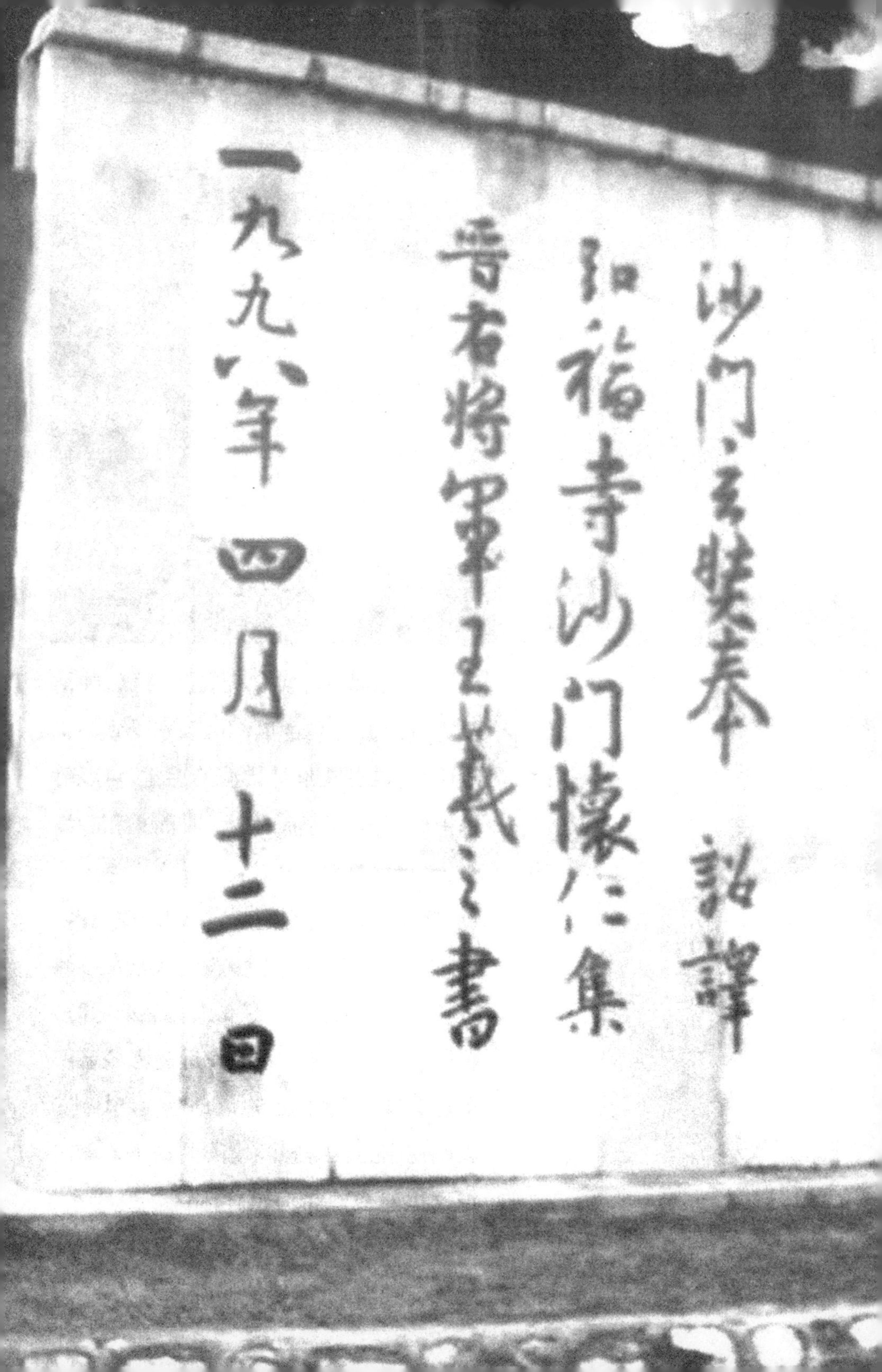

沙门玄奘奉 詔譯

弘福寺沙门懷仁集

晋右将軍王羲之書

一九九八年四月十二日

中国最后一块处女海湾——小月湾

过污染。它的碧水青山、沙滩、海水和光照，实属大自然恩赐，纯洁得无可比拟，在这里你可以享受到与世隔绝，仿佛身在世外桃源的感觉，可以静静地倾听海浪时而凶猛，时而柔和的涛声；也可忘掉一切烦恼，任你看海天一色，连成一片，随意暇想，在幻想中遨游；也可以三两人在海边扑涛嬉戏；或是在沙滩边拾拣贝壳，让你在享受大自然的同时，获得意外的惊喜。小月湾远近海域盛产鱼虾蟹螺，这里也是鲍鱼自然生产场地。人们在不破坏生态环境的前提下，即将把这里建成热带海滨休闲区，形成吃、住、玩一体的休闲度假区，让您陶醉在自然的美景当中，尽情地畅游。